Natalia Miguel Ramos

APULEYO EDICIONES   FOMENTO DE VALORES   CUENTOS ILUSTRADOS

La aventura de emocionarse

APULEYO EDICIONES   FOMENTO DE VALORES   CUENTOS ILUSTRADOS

La aventura de emocionarse

Si has elegido este libro es porque, como yo, las emociones te fascinan y seguramente quieras desvelar cada uno de los misterios que este maravilloso mundo encierra.

Muchas son las cosas que ya sabrás sobre las emociones y ahora, a través de las preguntas que se han hecho otros niños y niñas como tú, descubrirás muchas más.

Deseo que sea un viaje apasionante de descubrimiento y aprendizaje para ti. ¿Comenzamos? ¡Comenzamos!

¿De dónde vienen las emociones?

Seguro que has visto muchas películas sobre las emociones, ¿a que sí? Y por supuesto tendrás una imagen de cómo son; puede que pienses en colores, en formas, en emojis, pero ¿has pensado alguna vez que pueden ser como un chispazo eléctrico? ¡Como cuando enchufas un electrodoméstico viejo y da un pequeño chispazo! A mí me gusta imaginarlas así. Visualizo mi cerebro y esos chispazos breves pero intensos que te hacen actuar. Las emociones residen en nuestro cerebro, más concretamente en el llamado sistema límbico.

El sistema límbico no es una zona concreta del cerebro, sino más bien una extensa red de neuronas que se distribuye por el mismo y que se entremezcla con otras estructuras.

Visto así parece sencillo, pero el cerebro es un órgano extremadamente complejo. Si queremos comprender el funcionamiento del cerebro con respecto a las emociones, tendremos en primer lugar que entender que este está dividido en muchas partes y que cada una de ellas tiene una función dentro del proceso que se da desde que percibimos un estímulo hasta que reaccionamos a él, pasando por la emoción que nos impulsa a actuar de una determinada forma.

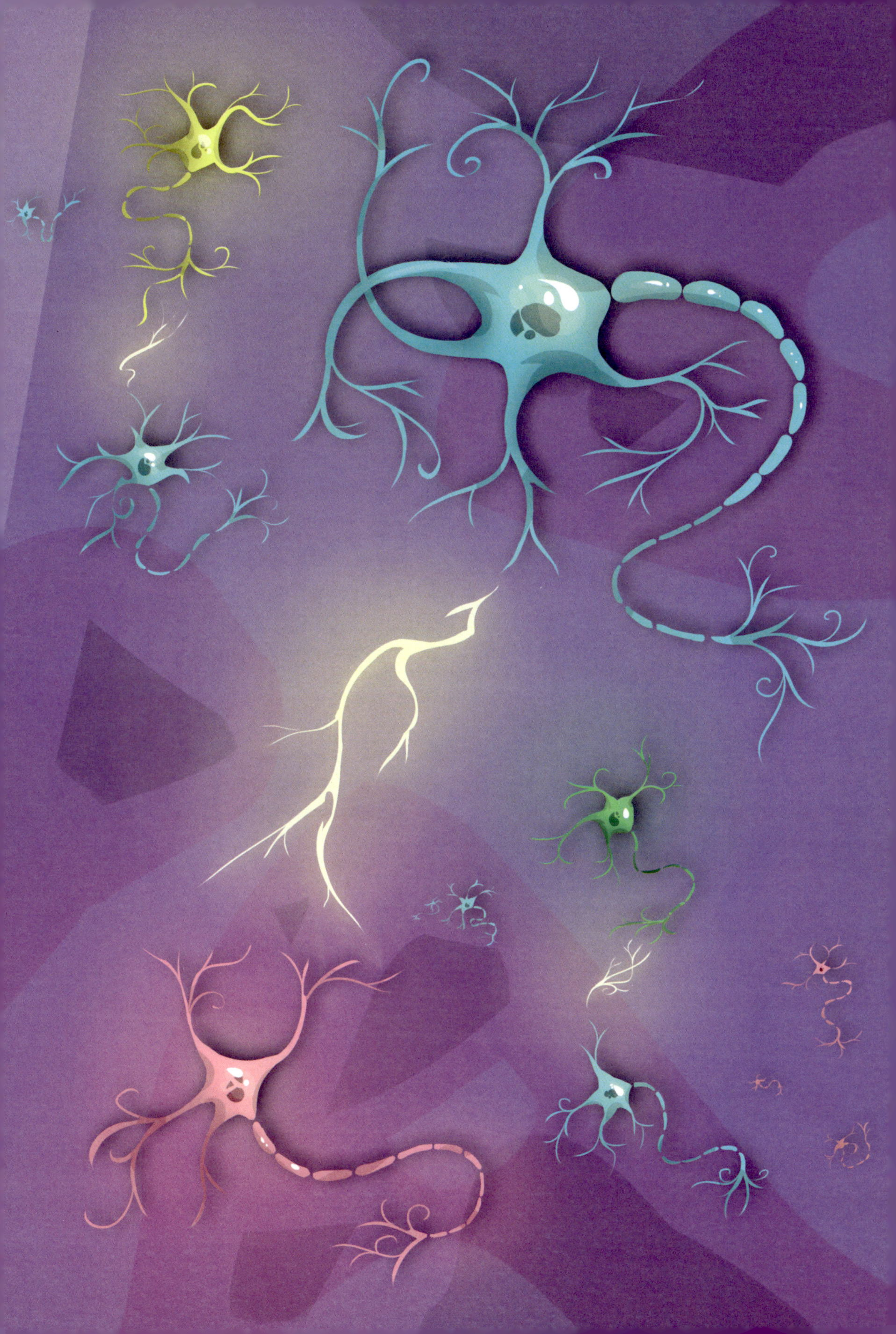

¿Por qué tenemos emociones buenas y malas?

En realidad, no existen las emociones buenas y malas. Quizá con esto nos refiramos a que algunas emociones, como la alegría y la sorpresa, son más agradables que otras, por ejemplo, la tristeza, la ira o el odio, que son bastante desagradables de experimentar.

Pero ¿y por qué no podemos decir que existan emociones malas? Pues bien, todas las emociones, incluso aquellas que nos hacen sentir a disgusto, cumplen una función imprescindible para nuestra supervivencia. Por ejemplo, hablemos del miedo. ¿Es el miedo una emoción agradable o desagradable para ti? Pues incluso si no te gusta sentir miedo -a algunas personas les encantan las películas de terror-, no podrás decir que es una emoción mala, ya que el miedo te protege del peligro. ¿Y tú qué opinas? ¿Puede ser malo algo que te protege, aunque inicialmente te incomode?

¿Por qué el miedo es tan insistente?

Cuando sientes miedo, tu cuerpo te está gritando "piensa dos veces antes de actuar, puede que te lastimes". ¿Cómo no va a ser un poco pesado?

Imagina que te has propuesto aprender a hacer skateboard. Te habrás equipado con la mejor protección, llevarás puesto el casco, las coderas y rodilleras, en definitiva, estás bien protegido ante una caída, pero, aun con todo esto, probablemente sientas miedo. Esto se debe a que tu cerebro está valorando múltiples realidades y posibilidades. Realidades tales como que es una actividad nueva que, por lo tanto, no controlas, así que tienes más probabilidades de caerte. ¿Y sobre qué? Pues normalmente, las pistas de skateboard suelen ser de cemento, vamos, nada que ver con una colchoneta que pueda amortiguar el golpe. Por si fuera poco, vas a alcanzar una velocidad bastante alta sobre esa tabla que –según tu cerebro– no parece muy estable. En definitiva, tu cerebro opina que deberías de valorar si realmente quieres practicar esa actividad y si estás dispuesto a arriesgarte.

¿Quién ha inventado las emociones?

Inventar como tal, no las ha inventado nadie. Las emociones son inherentes al ser humano. Los bebés desde que nacen tienen un repertorio de reacciones emocionales básicas que les ayuda a sobrevivir. Es así que lloran cuando necesitan comer, pero también cuando se sienten lejos de sus padres, que son quienes les protegen.

Al mes ya son capaces de reconocer emociones como la alegría y el enfado, y a los tres meses aparece la sonrisa social que invita a otras personas a prestarles atención. En el quinto mes aparece la sorpresa por los estímulos nuevos que van descubriendo y en el séptimo mes, si estos estímulos le desconciertan, el bebé muestra ansiedad. Hacia el año de vida ya parecen experimentar y expresar todas las emociones básicas: alegría, miedo, tristeza, ira, sorpresa y asco. Según vayan creciendo, su repertorio se irá ampliando, fruto de las experiencias que vayan viviendo.

Por lo tanto, nadie ha inventado las emociones, sino que estas nos acompañan desde que nacemos y durante toda nuestra vida. Ahora, si queréis saber quién fue el primero en reparar en ellas, os diré que fue el psicólogo Paul Ekman quien en 1973 identificó las seis emociones básicas: alegría, tristeza, ira, miedo, sorpresa y asco. Sus estudios fueron el punto de partida para que otros investigadores construyeran y siguieran desarrollando una extensa red de conocimiento acerca de las emociones.

¿Por qué las necesitamos?

La mayoría de los científicos que han estudiado el mundo de las emociones parece estar de acuerdo en que existen seis emociones básicas. Las emociones básicas son innatas al ser humano y es por eso que son las primeras que aprendemos a reconocer y expresar. Los bebés con apenas un año ya pueden expresar alegría, tristeza, miedo, sorpresa, ira y asco. Pero ¿y por qué aprendemos tan pronto a manejarnos con estas emociones? La respuesta es sencilla: porque de ello depende nuestra supervivencia. Todas y cada una de las emociones básicas garantizan nuestra supervivencia de diferentes maneras. Intrigante, ¿verdad? ¡Veamos cómo lo hacen!

Alegría

La alegría es una de las emociones más agradables. Cuando nos sentimos alegres, sentimos la necesidad de hacer cosas y de compartirlo con otras personas. Esta es la función fundamental de la alegría, la función de afiliación, de establecer relaciones con otras personas, de hacer amigos, de llevarnos mejor con nuestros familiares. Y es que el ser humano es un ser social, necesita de otras personas para desarrollar todo su potencial. Es la alegría la emoción que favorece actitudes que facilitarán este desarrollo. Cuando sentimos alegría, somos más generosos, más empáticos, más curiosos y flexibles; también aprendemos mejor y nos sentimos más motivados a trabajar para lograr nuestros objetivos.

Tristeza

La tristeza se considera la emoción opuesta a la alegría. Mientras que la alegría es una emoción agradable que nos predispone al movimiento, la tristeza es desagradable y tiende a paralizarnos. Sin embargo, alegría y tristeza sí tienen algo en común, y es su capacidad para acercarnos o que se nos acerquen otras personas. Y es que la función de la tristeza es la reintegración, es decir, que procura que la persona vuelva a sentirse bien tras un acontecimiento especialmente duro como puede ser haber discutido con un buen amigo o haber perdido a un familiar. La tristeza reduce nuestro nivel de actividad para que prestemos atención a lo que realmente necesitamos en ese momento y que muchas veces encontramos en otras personas que nos ayudan a sentirnos mejor.

Ira

La ira es una de las emociones que peor nos hace sentir. Ante situaciones que valoramos injustas o aversivas, sentimos que un torrente de energía invade nuestro cuerpo, nos activa de una forma muy rápida e intensa y podemos incluso llegar a perder el control, decir cosas que no pensamos o tener una reacción violenta. Esto es parte de la función de autoprotección de esta emoción. La ira es una emoción muy primitiva que debemos aprender a gestionar para no hacer daño a los demás. Por otro lado, la ira también tiene una función constructiva para el ser humano y es la de activarnos para luchar por aquello que queremos conseguir, así como centrar nuestra atención en eliminar las barreras que podamos encontrar.

Asco

Cuando sentimos asco, nuestro estómago parece encogerse y a veces nos entran náuseas. Es una reacción biológica que parece decirnos que no probemos un determinado alimento, que no toquemos una superficie o que rechacemos ir con determinadas personas que nos pueden poner en peligro. En definitiva, la principal función del asco es la evitación de todo aquello que pueda poner en peligro nuestro bienestar físico y también social. En cuanto a la salud física, el asco nos protege de una posible intoxicación por ingerir algo en mal estado o de contraer una enfermedad si es que tocamos una superficie sucia. En el plano social, nos hace rechazar compañías que no comparten nuestros mismos valores humanos, por ejemplo, nos hace evitar a aquellas personas que disfrutan haciendo daño a los demás o que llevan a cabo hechos delictivos como robar o agredir a otras personas.

Sorpresa

Podríamos decir que la sorpresa es la emoción más breve, solo dura un momento. Una vez el cerebro decide que es una sorpresa agradable, como podría ser recibir un regalo por tu cumpleaños, la sorpresa pasa a ser alegría. Por el contrario, si el estímulo novedoso es negativo, como lo podría ser recibir una mala noticia, la sorpresa se vuelve tristeza rápidamente. Cuando experimentamos sorpresa, todos nuestros sentidos se redireccionan hacia la causa de tal emoción que, normalmente, suele ser un acontecimiento novedoso e inesperado. El cerebro advierte una situación desconocida, nueva y, por lo tanto, necesita aprovechar todas sus capacidades para comprender de qué se trata. La función de la sorpresa es precisamente esa, prepararnos para afrontar y explorar eventos inesperados.

Miedo

Sentimos miedo cuando pensamos que algo nos puede hacer daño. Puede ser real o imaginario, algo que esté ocurriendo en el presente o que creamos puede llegar a pasar en el futuro. El miedo nos previene de intentar enfrentar situaciones para las que no estamos preparados, nos obliga a retirarnos de aquello que nos puede dañar. Cuando sentimos miedo, todos nuestros sentidos se agudizan, vemos y escuchamos mejor. El corazón bombea la sangre más rápidamente y nuestro sistema muscular se activa por si necesitáramos salir corriendo. Todo nuestro cuerpo se está preparando para huir de aquello que nos puede herir. El miedo nos prepara para escapar de situaciones peligrosas.

¿Por qué no podemos parar las emociones?

Vamos a imaginarnos las emociones como un torrente de agua tras una tormenta, imprevisible, imparable. ¿Qué pasa si intentas parar esa corriente de agua? Imagínate poniendo un tronco en el recorrido de un río embravecido, intentando parar el torrente con sacos de arena pesados, muy pesados. Lo primero, ¿tendrías fuerzas? Lo segundo, ¿serviría de algo?

Ahora sustituye ese torrente de agua por una emoción intensa, un enfado tremendo porque tus padres te castigan injustamente o la intensa tristeza que experimentas cuando pierdes a alguien querido, y pregúntate lo mismo: ¿tendrías fuerzas para parar toda esa energía emocional en ese mismo momento? En vez de poner sacos de arena para parar el agua, ¿aguantarías las lágrimas para parecer menos triste?, ¿recordarías chistes para obligarte a reír? Podrías probar, pero ¿crees que serviría para algo?

No podemos parar las emociones que experimentamos porque son reacciones fisiológicas de nuestro organismo ante un estímulo externo. Nos han permitido desde siempre la supervivencia, nos ponen en alerta ante los peligros, nos ayudan a conectar con el grupo, a rechazar aquello que parece venenoso o en mal estado. No las podemos parar, ni falta que hace. Las necesitamos para vivir. Ahora no penséis que esto queda aquí, algo sí podemos hacer. ¡Veamos!

¿Cómo controlar las emociones?

¿Alguna vez has visto una estrella fugaz? Pues bien, si esa estrella fugaz fuera una emoción, la cabeza de esta, con su luz más definida, intensa y breve, sería la respuesta automática de nuestro cuerpo, la emoción propiamente dicha. Miras al cielo un momento y ahí está, la ves, pero no la puedes eludir, igual que no puedes evitar sentir una emoción. Pero ¿y el rastro que deja tras ella? Puedes seguir viéndolo pasado un tiempo, pero ya no será tan fácil de apreciar. Esta es la estela de la emoción y, sobre esto, sí podemos actuar. Así que, ¿qué podemos hacer para atenuar o "controlar" la estela de la ira, de la tristeza o de cualquier emoción desagradable?

En primer lugar, debemos tener claro que no todo sirve para todo el mundo y cada uno deberemos buscar qué nos funciona para poder utilizarlo cuando sea necesario. Una forma muy rápida de parar la emoción es ordenar al cerebro que envíe esa orden. Sí, tenemos que ponernos serios y dar esa orden a nuestro cerebro para que luego él se encargue de enviar la señal al resto de nuestro cuerpo. Así que cuando te sientas enfadado o muy triste, di "¡basta!". Justo ahí tomas el control y puedes atenuar la emoción, hacer más fácil su estancia contigo. La tristeza no se diluye de un momento a otro, pero sí podemos hacer que no sea tan desagradable. Piensa, ¿qué te hace sentir bien? Pues haz eso, así de fácil. Que te gusta montar en bici, hazlo; que te gusta dibujar, hazlo. Da igual lo que sea, lo importante es tomar

acción, esto hará que las sustancias químicas que do-
minan tu cerebro y hacen que te sientas triste se vayan
sustituyendo por otras que harán que te sientas mejor.

¿Por qué hay momentos que te cambian las emociones?

Sabemos que es posible cambiar nuestro estado anímico, esa "estela de la emoción" de la que hablábamos antes. Sabemos cómo hacerlo y nos queda por averiguar la razón por la cual es posible. Para esto nos tenemos que adentrar en el maravilloso mundo que es nuestro cerebro.

Muchos de nuestros cambios de humor tienen que ver con unas sustancias que nuestro cerebro segrega en función de los estímulos externos. Vamos a descubrir dos de ellas: la serotonina y la adrenalina.

La serotonina inhibe el enfado, genera sensación de bienestar y de satisfacción, es la llamada hormona de la felicidad y la segregamos cuando hacemos deporte, ejercicios de relajación, cuando comenzamos una nueva actividad o conocemos lugares nuevos.

La adrenalina, por el contrario, nos activa y nos hace estar más inquietos, nos prepara para la huida. Nuestros sentidos se ponen alerta, el ritmo cardíaco se incrementa y respiramos más agitadamente. Nuestro cerebro segrega esta sustancia cuando está ante una situación de estrés o de peligro.

¿Por qué la alegría es contagiosa?

Recordaréis que hemos hablado del sistema límbico. El sistema límbico se trata de una red de estructuras que realizan funciones relacionadas con las emociones. Una de las estructuras del sistema límbico es la que provoca que sonriamos cuando vemos a alguien alegre, se debe a las neuronas reflejo.

Las neuronas reflejo se encuentran en el lóbulo frontal, una zona amplia que va desde la frente hasta la mitad de la cabeza y cumplen con la función que su mismo nombre indica, la función de un espejo, reflejan, imitan.

¿Por qué la risa es contagiosa? ¿Por qué me pongo triste si veo a alguien llorar? Pues porque estas neuronas nos hacen imitar lo que vemos. Si estamos muy enfadados con alguien y nuestra madre o padre se acerca a nosotros con tranquilidad, nos mira con ternura, es muy probable que, poco a poco, nos vayamos sintiendo mejor. Reflejamos su tranquilidad, la sensación de que todo está bien. También ocurre al revés. Si un niño pequeño se cae y yo me acerco gritando, llorando, lo más probable es que él también lo haga, pues imita nuestra preocupación. Si nos acercamos con tranquilidad, le estaremos ayudando a conservar la calma.

¿Cómo me voy a sentir cuando experimente una emoción nueva?

La primera vez que experimentamos una emoción nos sentimos descolocados, no sabemos leer sus señales, ni sabemos interpretar por qué nos sentimos de aquella manera. Cuando nos pasa esto, no somos capaces de dar un nombre a esa emoción y eso dificulta que la conozcamos de la misma manera en que conocemos la alegría o la ira.

La alegría, la tristeza, la irá, la sorpresa, el asco son emociones básicas que solemos experimentar desde que somos muy pequeños y que, por ello, sabemos identificar fácilmente. Nos reconocemos cuando estamos alegres o enfadados, pero ¿sé cómo actúo cuando me siento frustrado? ¿Y cuando admiro a alguien?

La frustración y la admiración son también emociones, aunque estas son más complejas. La frustración es una combinación de tristeza e ira que puedes experimentar cuando no eres capaz de conseguir algo que crees sí deberías poder alcanzar. Por ejemplo, lo sentirías si llevaras años bailando y no consiguieras hacer un buen "Relevé". La admiración es la sorpresa positiva, es decir, desde la alegría. Por ejemplo, podrías admirar a un profesor que practicase el mismo deporte que tú de manera profesional.

Entonces, la primera vez que experimentes una emoción, ni siquiera la vas a reconocer, aunque sí te quedarás con el recuerdo de la situación que la provocó. Si después lees acerca del mundo de las emociones, como has leído este libro, con el tiempo la reconocerás en otras situaciones tuyas o que compartan otras personas contigo y la irás comprendiendo mejor, a esa y a las demás emociones que aún nos quedan por descubrir.

Con el tiempo podrás ponerles nombre, buscarás estrategias para atenuar o compartir su estela, y cuando vuelvan a aparecer, será como estar en compañía de un buen amigo o amiga. Sabrás quiénes son, qué necesitan de ti y cómo debes actuar. Serás todo un experto o experta del maravilloso mundo de las emociones.

© Natalia Miguel Ramos (de la obra)
©Apuleyo Ediciones (de esta edición)
Primera edición en Apuleyo Ediciones: Julio 2024
Diseño de cubierta: Sofía Corzo González
Corrección: Lorena Maestre Gregori
Maquetación: Alejandro Bermejo Cercas
Ilustraciones: Adrian Pereira
Coordinación editorial: Isidoro Cidre González
info@apuleyoediciones.com
www.apuleyoediciones.com
ISBN: 978-84-1060-011-9
Depósito legal: H 661-2023

Hecho e impreso en España.